아직도 못다 한 말

아직도 못다 한 말

박영교 시집

도서출판 천우

● 자서(自序)

아직도 못다 한 말이 있어
마음에 묻어 둔 말을 꺼내어
눈물 묻은 언어로 시를 쓴다.

남이 나를 알아주지 아니하여도
내 길을 잃지 않고 꾸준히 그리고
열심히 길을 걸으면서 자신을 다듬어 가겠다.

언제까지일지는 모르지만
內子가 건강하게 함께 살아가고
지현이 시영이 그리고 김충헌 사위
내 손자 효재 민재가 잘 커서 우리나라의
큰 기둥이 될 때까지 열심히 다듬고 다듬어 가며,

죽는 날까지 열심히 쓸 것이다.

2016년 8월 15일
소백산 하에서
박 영 교

제1부
불면증

● 자서(自序)

불면증 _ 13
안동병원에서 _ 14
못 자국 _ 15
목판본(木版本)·3 _ 16
고향에 가면 _ 17
묵죽도(墨竹圖)·1 _ 18
묵죽도(墨竹圖)·2 _ 19
묵죽도(墨竹圖)·3 _ 20
묵죽도(墨竹圖)·4 _ 21
설해 목(雪害 木) _ 22
고향 친구 _ 23
입동(立冬)을 앞에 놓고 _ 24
입동(立冬)·2 _ 26
눈꽃 _ 27
속삭임 말 _ 28
그리움 _ 29
만리장성에서 _ 30
아내의 잠 _ 31
봄비 소리 _ 32

제2부

화장터 불빛

화장터 불빛 _ 35
지금은 _ 36
징검다리 _ 37
입관 _ 38
양말을 신다가 _ 39
연화봉에서 국망봉까지 _ 40
겨울 한라산 _ 41
상강(霜降) 날 · 2 _ 42
부석사 일우(一隅) _ 43
민통선에서 _ 44
소낙비 깨우다 _ 45
핑계 _ 46
만대루(晩對樓)에 올라 _ 47
친구에게 _ 48
전등사 나부상 _ 49
시편을 읽으며 _ 50
환절기 _ 52
입춘(立春) _ 54
가을 엽서 한 장 _ 55
군불 때던 솔가지 _ 56

제3부

에밀레종

에밀레종 _ 59

노을 _ 60

사색의 길목 _ 61

새 지도(地圖) _ 62

푸른 꿈 산하 _ 63

청량산 오르는 길 _ 64

명호 북곡리 내려가며 _ 66

김홍도의 바다 _ 67

목판본(木版本)·2 _ 68

바람에게 _ 69

걱정스럽다·2 _ 70

다 쓰러져가는 고가(古家) _ 71

궁촌 왕릉 _ 72

노천탕에서·1 _ 74

겨울 산을 믿다 _ 75

윤회로 태어나면 _ 76

노숙자의 마음으로 _ 78

우리 살아가는 길 _ 79

아침 연못 _ 80

제4부

상소문

화장터 소나무 _ 83

회룡포 마을 _ 84

상소문(上疏文)·1 _ 85

상소문(上疏文)·4 _ 86

가축 위혼제 _ 87

사임당 숨소리 _ 88

김영 머리방에 가면 _ 89

3년 군 생활 _ 90

상처 _ 91

상사화 _ 92

해가 지면 _ 93

화폭 _ 94

똥구마리 씨앗 _ 95

달빛 무게 _ 96

지종 없는 시대에 나서 _ 98

고정 탈피 _ 99

봄비의 노래 _ 100

역광(逆光) _ 102

제5부

물러나 앉으면서

나에게 쓰는 시 · 8 _ 105

물러나 앉으면서 _ 106

나목(裸木)의 숲들 _ 108

경칩 이후 _ 109

가을빛 하루 · 2 _ 110

때론 섬으로 앉고 싶어 _ 111

친구의 겨울 _ 112

넌 어디쯤 가고 _ 113

퇴원 후의 그대 안부 _ 114

혈압을 재며 · 2 _ 115

설중매 _ 116

밤 뻐꾸기 울음 _ 117

처서를 지나며 _ 118

가을 강가 _ 119

바람 · 3 _ 120

사람 향기 _ 121

몽정(夢精) _ 122

도서관에 앉아 _ 124

철탄산에 오르면 _ 126

자설(自說) | 밀 한 알이 되고 싶은 소망/ 박영교 _ 127

제1부

불면증

불면증

요즘 길거리 나가면

겨울 빙판보다 무섭다

질주하는 자동차 물결

쏟아지는 매연가스

움직인

CCTV 머리

독사보다 더 무섭다

안동병원에서

어디서 봤는지는

기억도 없으면서

처음 보는 얼굴인데

날 보고 씩씩 웃다가

내 팔목

덥석 잡으면서

웃고 또 웃는다

못 자국

마음에 못을 치면 울림만도 아픈 거다

못 자국에 녹이 슬어 벌겋게 물이 들면

피눈물
흰 가슴 한 폭
다 적시고도 남는다

얼마나 살다 간다고 그리 참지 못하는가

순리로 물 흐르듯 남은 이야기 흘러 보내고

정겨운
이웃들 만들어
함께 젖어 보내고 싶다

목판본(木版本)·3

행서나 초서체로 눕혀놓은 언어들이
목질이나 목결을 따르지 아니하고
사체 결
맨발로 짚어나가며
이 한밤을 지새우리

밤마다 우는 칼날 파고드는 체본들이
구름 속 그림자 안고 쫓아오는 가쁜 숨결
가문의
숨소리까지
문장 속에 스며든다

한 문중 꿈을 풀어 열리는 햇살 따라
두드리는 장문 사이로 진한 묵향 일면
발자국
침묵을 펴고
높푸르게 펼친 하늘

고향에 가면

요즘 내 고향에 가면
알아보는 이 아무도 없다

친구들 살아 있어 볼 수 있는 시절 아쉬워

힘든 몸
옛집을 돌아
살구나무 고목 아래 선다

눈물도 힘이 있을 땐
흘릴 수 있겠지만

조용한 이방인 되어 골목길 돌아 나와도

컹컹컹
짖는 개들만
기웃대는 나를 본다

묵죽도(墨竹圖) · 1

지금은 묵향이 짙은

그림 한 점 그리고 있다

바람 강하게 부는

묵죽(墨竹)을 치면서도

머무는

마음속에는

바람 한 점 일지 않는다

묵죽도(墨竹圖) · 2

바람이 불어와도

안간힘 버티고 서서

댓잎만 펄펄 날리며

소리 높여 서걱대는

드맑은

달빛을 묻혀

벌레소리까지 풀어낸다

묵죽도(墨竹圖) · 3

흔들리는 그림자도

조용한 짙은 묵향

오늘 마음 가는 대로 묵죽을 치고 있다

떨리는

지친 몸으로

곧게 세워

풍죽을 친다

묵죽도(墨竹圖) · 4

사군자를 그린 후로

연잎을 그리다가

갓 내린 빗방울이

은구슬처럼 구르는 멋

붓 끝엔

갈필이 살아난

까칠한 억새꽃 풀빛

설해 목(雪害 木)

잎맥이 줄줄이 살아 있는 오늘 보며
지난날 거짓 마음을 팔던 너 육신들
이제는
몰골이 뵈지 않는 불쌍한 역사의 흐름

설산의 한 구석 말없이 서 있는 넌
그대로 한평생 이승을 마감하고
떠날 땐
침묵을 배워 그 백언(白言)을 참는다

한밤이 올 것을 알고 있는 그대 앞에
한없이 무릎 꿇고
앉아 보는 마음 하나
절절한
호소를 들으며 바람에 백발을 감는다

고향 친구

나는 아직도 내 길을
포장하지 못하고 산다

흙먼지 허옇게 뜬 자동차 달리는

괴로움
때때로 깔리는
포풀러 노랗게 지는 길

비온 뒤 질퍽거리는
내 젊은 날 그 길 가면

송아지 똥 냄새 강아지 오줌 냄새

아직도
포장 못 한 흙길
꿈을 키우며 걷는다

입동(立冬)을 앞에 놓고

입동이 서면서 돌풍 속 가을비 소리
한로를 지나 상강이 가깝게 찾아와

푸른 잎
지는 낙엽 속
허기진 바람이 인다

이 빠진 막사발로
막걸리 들이켜고
귀뚜라미 실 푸는 소리 집 뜰에서 들리면

기러기
날갯짓 소리
확연하게 나는 계절

나도 이젠 따사로운
겨울옷 갈아입고
첫추위 낮은 기온 기침 깊게 만들어

자는 밤
오는 추위로
긴 호흡을 내쉰다

입동(立冬) · 2

그대는 나를 향해 시위를 고르고
난 그대 심장 위에 화살을 꽂는다
팽팽한
두 팔을 떨며
영혼의 화살 당긴다

때로는 내 마음 깊고 아픈 곳에
그대 꽂은 화살 한 개 뽑고 나면
결핍된
신음 하나가
조용히 사라진다

그대와 나 사이는 멀고도 가까운 이웃
때 묻은 지난 사연 툭툭 털고 형장에 서면
저물녘
푸른 햇살 지는
그리움만 고인다

눈꽃

누구나 다 꽃이고 환하게 피고 싶다

떨리는 발자국마다 하얗게 지고 싶다

한마디

지는 햇살 속

나비처럼 날고 싶다

속삭임 말

낙엽을 밟으면서

구르몽의 시 읊조린다

떠나간 귀한 사람들

발자국 소리 들리고

시오리

먼 길 떠나며

네 귓속말이 떠돈다

그리움

그대 보낸 편지 속 단풍 색깔 보면서

내 마음 취해 앉아 일어나지 못하고

작설차
풋풋한 내색
그대 오는 발자국 소리

깊은 밤 방방마다 심지를 곧추세워

기름 불 환히 밝혀 밤새우는 날에는

기러기
날아가는 소리
기다림은 창을 연다

만리장성에서

진시황의 해 지지 않고

떠 있는 하늘이다

수많은 목숨 값이

인파(人波)로 일렁인다

인파 속

젖은 울음소리

들려오는 만리장성

아내의 잠

당신의 검은 머리도 흰 머리가 보입니다

늙지 않는 바위로 앉아 한생을 보낼 것 같은

젊음도
연륜 앞에서는
통곡하는 빛바램

자고 싶어도 잠 못 드는 독서의 하늘 속으로

외로운 그늘들을 접어 올린 내력 앞에

온몸이
꽃잎 지듯이
무거운 짐 벗습니다

봄비 소리

추적이는 밤비 소리에

깨어 일어나 오줌을 눈다

나뭇가지 끝에서 오는

풋풋한 전율이 오고

끝없는

상상도(想像圖) 그리는

한 화가(畵家)의 붓질 소리

제2부

화장터 불빛

화장터 불빛

참 얼굴빛 그리도 붉더니

화장터 불빛도 붉었다

이젠 그를 보고 싶어도

화장장 아궁이 불빛 생각 나

조용한

눈물만 가득해

눈시울이 젖는다

지금은

가을바람에게 물어보자 그 여름은 얼마나 뜨거웠는가

노랗게 앉은 새들은 내 잠 속에 들어와

멈추고
돌아가지 않는
초침을 돌리고 있다

다가올 겨울바람 허공을 가르고 돌아도

잠 속에 빙빙 도는 하늘을 닦으면서

캄캄한
이승의 파도소리
그 한 줄 고르고 있었다

징검다리

우비를 쓰고 화살을 꽂는 폭우 속을 걷는 이여

함부로 뜨거운 마음 토(吐)해내지 말기 바라

은행잎
노란 가을에는
함께 가로수를 흔들자

이제는 가을도 없고 여름에서 겨우살이

바람이 훨훨 날면 단풍잎 다 떠나가고

떨리는
가지들만 남아
마음 아픈 개골 산책

입관

이제 난 이 세상 속에서 사라져 없어지는 이름

두꺼운 관송을 짜서 나를 묻고 있다

대마초

푸른 연기 함께

내 명예도 함께 넣으리

바르게 살아가는 한 걸음 한 걸음들이

너를 있게 하고 또 너를 입관한다

살아도

산목숨이 아닌

그런 삶을 누리겠나

양말을 신다가

몰지각하게 갑작스럽게

저승사자가 다다라도

내 집 계단 앞에

떨어져 쌓이는 낙엽

늦가을

갑자기 멈추는

마음을 덮는 추성(秋聲)

연화봉에서 국망봉까지

소백산 연화봉 아래 희방사 폭포소리
비로봉 내려가면 비로사 엎드려 있고
초암사
발치에 펼친
산그늘 못가에 와 지다

욕쟁이 스님 하루 한 번 만나는 절 옆에는
저절로 날아와 깔린 낙엽 두껍게 앉히고
사과밭
붉게 물든 가지
목탁소리 감돈다

불붙은 부석사 단풍 바람 지는 풍경소리
내 기댄 일주문 끝 저녁 푸른 연기 지고
어둠만
사바세계에 앉아
목어소리 듣는다

겨울 한라산

한라산 마른 풀들이
풀풀 나는 설경 속에
붓 끝마다 갈필들이 나무들을 그리지만

비우고
떠나는 계절
억새꽃만 가득하다

남도 섬 돌섬마다
풋풋한 정취 느끼는
감귤나무 푸름 가득 싱그러운 날들이지만

마음속
봄꿈 그리다가
한라산 폭설을 인다

상강(霜降) 날 · 2

밤이슬 그리다가
상강을 맞는 마음
혼절 없이 하늘 폭엔 백설이 내려앉고

서두른
마음 한 켠엔
사슴 발자국 찍히다

밤마다 울어대는
짐승들 잠자리 들면
촘촘한 어둠을 다져 낮 동안 멍든 사연

떠도는
상처를 펴고
흰 맥박을 걷는다

부석사 일우(一隅)

백팔계단 오르면서

무량수전 기둥을 본다

안양루를 밟으면서

부석사 현판을 쳐다보면

이승만

대통령 손끝 떨리는

흘림체가

보인다

민통선에서

어둠이 저녁에게 준

전쟁보다 더 무거운 침묵

그림자 깔아놓고

깊은 수렁으로 도망가다

뼈아픈

역사의 그늘

헤아리며 떠난다

소낙비 깨우다

아버지 편찮으실 때 자주 가지 못한 걸음

아이들 가르치는 일 바쁘다는 핑계로

아프신
자리끼도 한 번
떠 올려드리지 못한 죄

밤늦도록 엎드려 울다 돌아와 보는 자리엔

새벽의 훤한 여명이 나 다시 깨워놓고

고향 집
아버님 생각
소낙비 내리는 소리

핑계

잠이 오질 않아서 국화차 한 잔 한다

향기 가득 내 맘속 젖어 흘는 가을 냄새

산 까치

앙칼진 소리 잠을 깨우고 있었다

만대루(晚對樓)에 올라

일곱 칸 만대루에 올라 턱턱 갈라진 마루 골

바람은 오죽 흔들고 병산은 말이 없어라

가득한
매화 향 날리는
서원 기둥에 기대선다

입교당(立敎堂)에 걸터앉아 앞산을 쳐다보면

산 중턱을 가르는 만대루 지붕 용마루

낙동강
푸른 물줄기
기어가게 하고 있다

친구에게

친구가 그리운 날은 소주잔을 채워 마시자

마음이 불편하여 찾아온 그에게는

내 마음
잘 익은 한 덩이
쪼개어서 넣어준다

목소리 그리운 날은 전화를 걸어본다

신호는 자주 가지만 받지 않는 오랜 시간

눈부신
친구 모습이
전화벨 속에 번진다

전등사 나부상

전등사 대웅보전 지붕을 받쳐 이고

평생을 그렇게 살라 도편수 노여움 소리

퇴색한
단청을 펼쳐 든
찡그린 그대 얼굴

사계를 내려다보며 아픈 중생 생각하는

늙은 스님 염불소리 범종은 잠 깨어 울고

사바의
생명 줄 놓고
쓸쓸한 맨몸으로 가다

시편을 읽으며

다윗의 이름으로 시편을 읽습니다

눈물 없이 읽거든 마음속 우물을 파고

정갈한
물 하수구에 쏟아 썩은 물을 내리세요

맑은 샘물 흐리게 흘리고 흘리면서

고단한 마음 거두고 처방전을 내리며

수많은
잘못이 있어도 당신은 아십니다

뜨거운 마음의 샘물 세상 넓게 퍼내어

깨끗함 함께 누리도록 생각을 펴지만

지금은
전쟁으로 번지는 가슴 아픈 오늘입니다

환절기

가을이 산을 덮고 단풍 숲 그림을 그린다

어디를 돌아보아도 물색이 달라뵌다

유혹도

짙은 색깔로 번지면

떨궈놓은 칼칼한 그림자

울화통 부려보아도 피멍이 들 뿐이다

아린 마음 속 젖는 가을비 내리는 소리

찢어진

노동복 사이로

스며드는 겨울 이야기

입춘(立春)

새로운 먹을 갈다가

묵향(墨香)에 짙게 취해

화제는 초서로 날고

난향(蘭香)이 더해 온다

철 이른

붓 끝 움직여

새론 봄빛 열고 있다

가을 엽서 한 장

이제 내 발자국 소리

온몸으로 들으면서

낮은 물소리 더욱 낮게

떠나가고 있습니다

가진 것

너무 없어 슬픈

낙엽 태우는

살냄새

군불 때던 솔가지

소나무 한 그루도
모르는 사람들이
솔바람 푸른 빛들을 알기나 하겠는가

말뜻을
모르는 어휘들
서슬 푸르게 세워놓다

밤마다 휘어지도록
가지를 흔들던 바람
지금 어디서 무엇하며 노려보고 있는가

잘라낸
왼손 어깨 너머
새순 돋는 푸른 꿈

제3부

에밀레종

에밀레종

속 깊숙이 마음 비우고
항상 우는 울음 있다

너는 너대로 울고 난 울고 싶을 때 우는데

날마다
눈물이 나는 것은
거듭 타는 마음일 게다

남이 울면 따라 우는
헤픈 마음 물리치고

더러는 죽음 앞에서도 장군처럼 버텨 서는

당당한
울음소리로
몇천 리 알리는 서신(書信)

노을

돌탑들이 즐비한 어느 호숫가에 앉으면

나 또한 돌탑이 되고 마음 함께 서게 된다

낙엽도 겨울 비바람결에
탑돌이를 하고 있다

너와 난 계절 앞에서 한갓 한 잎 낙엽일 뿐

찬란했던 빛깔들이 다 어디로 몰려가고

지는 해 저녁 하늘 보면
나 또한 한 점 노을일 뿐

사색의 길목

내 마음 처마 끝에

바람 없는 풍경소리

잔잔한 나뭇가지 속을

조용하게 뒤적이다가

저물녘

짙은 산 그리매

그 오솔길을 걷는다

새 지도(地圖)

참되게 산다는 일 기약 없이 어려운 것

이대로 어디까지 살아가게 되는 걸까

한소절
육자배기로
사투리를 식힐까

눈물을 보일 것이라면 속울음도 토해놓고

통째 삼키지 못해도 온몸을 용트림하여

아직도
설익은 몸짓
내 지도를 그리고 있다

푸른 꿈 산하

푸른 하늘 쳐다봐도 마음 둘 곳 없습니다

어디든 포진을 하고 앉아 있는 얼룩진 그늘

들뜬 말 흐린 계곡물 소리
이제는 조용히 접습니다

바람으로 흩어진 잔설
가랑잎 위에 앉고

서서히 덮어오는 그늘을 헤쳐 보면

지난날 헝클어진 일들 한데 모여 잠듭니다

청량산 오르는 길

떡갈나무 높은 숲들이
짙은 안개 속에 접어들어
짓눌린 찌든 때들이 이슬방울 따라 벗겨진다
아득한
청량사 범종소리
산 개울 물무늬로 번져

논밭들이 누렇게 그 마음이 익고 있어
가을은 높은 곳에서
낮은 데로 임하시고
때늦은
계곡 길 끝에서
들려오는 산바람 소리

무작정 오르다가 피곤해지는 순간
주머니 속에서도
전화벨이 울어 쌓이고

목소리
길게 늘어뜨리는
하늘 길을 걷게 된다

명호 북곡리 내려가며

젊은 날
달빛만큼이나 푸르던 마음이

이제는 가을 단풍도 늦은 골목길 접어들고

어스름
산그늘 내리는
검은 강물 소리보다

토계리
맑은 물소리 조작조작 따라나서면

굽이돌 때마다 낙강(洛江) 물빛 가득 차 흐르고

벌판엔
서리꽃 칼날
강물 소리 더욱 차다

김홍도의 바다

꽃들이 지고 있다

바라보아도 아파오고

눈을 닫고 보아도

아파오는 가슴이다

꽃 담장

다 무너지는 아픔

이 바다에서

목 놓아 울다

목판본(木版本) · 2

넌 이승을 얼마나 살다가 가겠는가
누 백년 썩지 않고 묻히는 결이 아닌
세상길 읽을 수 있는
살아 있는 생명력

펄떡펄떡 뛰는 맥박 역사의 흐름 따라
어느 반가 가보로만 내려오던 모습 속
늘 푸른 하늘을 이고
고향 같은 삶의 정의

조상 혼이 담겨 살과 핏줄 된 지금
지지에 옮겨진 하늘 높은 예와 의리
후손들 그늘 속 함께
녹아드는 산 맥박

바람에게

대밭 지나면서 마음 굳혔는가 싶더니
뜨거운 오늘 하루는
햇볕 쨍쨍 받는 거리
짓눌린
더위를 풀고 내 감성 적신다

봄인 듯하더니만 여름이 갑절 길고
그 위에 가을을 짧게
그림을 그리고 있다
밤마다
낙엽 굴리는 소리 발끝에서 서걱인다

꽁꽁 발이 묶인 겨울 강에 눈 내리면
누군가 추사체로
그림을 그리고 앉아
가득한
백기 흔들며 항복을 청하고 있다

걱정스럽다 · 2

낡은 의자에 앉아서도 푹신하다고 한 어머니

구멍 난 양말 신고도 시원하다던 겨울 나들이

이제는
따뜻한 방 안에서도
너무 춥다
떨고 있다

한밤 내 덮고 자던 버석거리는 오리털 이불

바람구멍도 없는 따뜻함 구멍 숭숭 난 한겨울 밤

떨리는
그리움이 앉아
밤을 보내는
어머님 생각

다 쓰러져가는 고가(古家)

축 처진 어깨

쓰러 올린 옛집에서

한 시대 반가의 몰락된 족보를 들고

모습만

갖추고 앉아

호통치는

저 모습

궁촌 왕릉
— 공양왕릉 앞에서

고려조의 마지막과
조선을 여는 시작의 땅
백두대간 푸른 산맥 바람소리 스산한 곳

초라한
역사의 눈길
사라져 간 아픈 발자국

살아 있어 욕이 되고
죽어서도 초라함이
뒤돌아볼 수 없는 뼈아픈 무덤들

조선의
칼날 앞에서
피를 쏟고 누웠다

자식과 함께 누운
볼품없는 왕릉이지만
한 나라 왕조의 혼 서글픈 사직의 흔적

떠나도
떠나지 못하는
소리 높여 우는 파도

노천탕에서 · 1

발가벗고 나서니 모든 눈이 집중된다
조그마한 구멍도 나를 응시하는 걸
뜨거운 온천물보다
더 뜨거운 세상의 눈

아무 잘못 없이 벗고 서는 것도
내 안의 눈들이 바깥쪽 창을 내고
따가운 화살촉 끝은
과녁보다 아픈 가슴

낙엽 지는 가을 날 힘든 기억 모아놓고
수지침 다스려 앉힌 살결을 묻고 나면
검붉은 내 안의 상처
바람으로 뜨는 오후

떠날 땐 다 알몸으로 빈 손 함께 얹어놓지만
기러기 울음소리 같은 속 빈 가난함을
돌아올 언약 없지만
큰 그늘로 앉는 먹구름

겨울 산을 믿다

앙상한 말 갈퀴로 등장한 겨울 산
울퉁불퉁한 바위도 드러내게 하면서도
물소리
귀가 따갑도록
할퀴고 가는 이유는

앞으로 포근한 봄볕 뒤에 올
따뜻한 마음 한 폭 내걸고 싶은 게지
캄캄한
밤마다 안개
갈퀴마다 덮어내려

살아서 숨 쉰다고 다 사람이 아니듯이
그리움 펼 줄 알아야 나뭇가지 봄인 것을
삭막한
손을 흔들며
살아 숨 쉬는 널 믿다

윤회로 태어나면

거울을 보던 나는
그 속에서 나무였으며

골짜기 흘러내리는 바람소리 물소리였다

휘감겨
함께 내리는
잔잔한 안개였다

지금도 나는 섬으로
외롭게 떠 있으며

그림자 깊게 뿌리내려 움직이지 못하는 길목

산울림
메아리로 솟다가
허옇게 무너지는
파도
파도

노숙자의 마음으로

갈 곳을 잃고 잃어서
떠나지 못하는 맘

고향 철길만 봐도 두 줄기 눈물뿐인데

탄광촌
검은 레일 위로
빗물 사정없이 쏟네

삶이 그대 눈물일지라도
울고 싶을 때 울게 하리

고단한 발자취는 소주잔에 부어 삼키고

떠나는
맘 붙잡아 앉힌
얼룩진 잠자리 눈물

우리 살아가는 길

산이 좋은 사람들은
산보다 더 높게
마음 먼저 그곳에 올라가 있습니다

강이 좋은 이들은
강물보다 더 깊게
생각 먼저 그곳을 흘러가고 있습니다
길마다 사람들이
제 나름 걸어가고 있지만
발자국 바르게 걸어가고 있는지

가는 길
돌아보면 그리움이 따라오고
눈앞에는 안개만 자욱합니다

아침 연못

연못을 들여다보면
하늘 나는 꿈을 꾼다
날개 하나 없어도 푸른 하늘이 빙빙 돌고
구름도
깊은 물속에서
둥둥 떠다니는 하늘

마음에 없으면
보이지 않는다고
지는 해 따라가면 어둠이 곧 내려서고
들리는
개구리 울음
한밤 가득 움을 튼다

제4부

상소문

화장터 소나무

눈물 앞을 가려도
푸른 하늘 가릴 수 없네

산마다 골짜기마다 푸르게 뻗고 있는

솔향기
가득한 그늘 밟고
떠나가는 푸른 연기

돌아올 수 없는
회오리바람 한줄기

솔가지 가지마다 그리움 하나 새겨놓고

떠나도
남는 그림자
긴 한숨 끌어안고 잠들다

회룡포 마을

낙동강 긴 물줄기
굽이쳐 돌아가는
물무늬 짙은 그늘 바람소리 외려 운다

비룡산
둘레길 산행
용주팔경시비 앞에 선다

내성천 휘감아 도는
능선 따라 소나무 숲길
장안사 큰 부처님 석탑도 앉아 있고

회룡포
돌아 나오는 물소리
오솔길도 훤하다

상소문(上疏文)·1

옛날부터 민심은 천심이라 했는데
정치인들은 늘 민심을 앞세우고 살아갑니다.

사상 처음 열리는 국회, 백성의 대변인들이 「국민들 보는 앞에서」라는 말을 자주하는 것을 봅니다. 백성들을 선동하지도 말고, 정치판에 끌어들이지도 말 것이며, 정권을 잡기 위해 해서는 안 되는 복지정책을 선심 쓰듯이 공약하지도 말며, 백성들 위에 서지도 말고, 불리할 때만 백성을 앞세우지도 말며, 뒤에서 조종하지도 말 것이며, 백성을 우롱하지도 말 것이며, 「백성들 보는 앞에서」 책임정치를 하십시오. 국민들은 당신들 일거수일투족을 빼놓지 않고 낱낱이 상세하게 잘 보고 있습니다. 백성들은 정직하고 진실하니까요.

아침 해
밝게 떠오르듯 그런 믿음으로
흐르는 한줄기 깊은 강물이어야 합니다.

상소문(上疏文) · 4

여의도 광장에 모여 머리에 붉은 띠를 두르고
울면서 부르짖는 농민들의 목소릴 보았나요?

고추 재배를 한 농민들이 고추처럼 매운 울음을 웁니다.
봄부터 가을까지 부푼 가슴은 아니지만 피와 땀과 노력으로 영근 고추를 싣고 올라와 서울서도 명동거리 아스팔트 위에 놓고 불을 질렀습니다.

고추 빛
매운 연기는 최루탄 한 발 값도 안 되는 가벼운 눈물로
서울 천지에 어디론가 사라지는 아픔을 우리는 보았습니다.

가축 위혼제

　커다란 두 눈 안에
살던 세상 쓸어 담고 간다.

　누구의 잘못 따질 새 없이 땅속으로 매몰되고 내 살던 산천의 흙을 덮고 똥오줌 질컥이던 그 세상의 흙을 덮고 내 주인 놓아주던 마취제 주사 한 방에 눈물 철철 흘리며 주인의 죄 값으로 엉뚱하게 죽어간다. 해외 베트남 어디에서 묻혀 들어온 병균, 철새들 도래지에서 달고 날아온 병균들, 아— 하늘이 무너지고 땅이 꺼진다.

　핑 도는
눈물 안고 가슴 안고
동공 속 빙빙 도는 푸른 하늘을 묻는다.

사임당 숨소리

존경 받는 조선 여인상
당신 모습 그립습니다.

많은 사람들 지갑 속에서 명함보다 더 빛나는 힘 그 얼굴 모습이 언제부턴가 유병언의 도피 자금 가방 속에서도 숨통을 틔는 당신의 모습 보고, 모(某) 회사 비자금 속에서도 당신의 고운 얼굴 보고, 깡패들의 유흥 비자금으로 숨긴 박스에서도 숨도 못 쉬도록 숨소릴 박스 속에 묶어 넣은 것을 보고, 때로는 양심 불량자들이 숨 막히는 땅 속 깊이 묻어놓아서 두 번 세 번 죽이는 삶을 불러오게 했습니다. 지금은 가난한 사람들이 볼 수 없는 모습으로 전락되어 버렸습니다. 앞으로는 마음 착한 사람들에게만 가까이 다가설 수 있는 당신이 되었으면 좋겠네요.

사임당
언제쯤이면 당신 모습
세상 밖에서 흔하게 빛날 수 있을까요.

김영 머리방에 가면

　김영 머리방에 가면 큰 티비 밑에
　다듬잇돌 하나와 흑인 여자상이 목만 앉아 있다.

　흑인 여자는 정면으로 보면 콧대가 중간이 약간 죽어 있고 다듬잇돌과 관계없이 입술 약간 벌리고 있다. 다듬잇돌은 겉으로 보기엔 향나무와 같이 보이나 군데군데 갓 쪽에 벌레 먹은 구멍들이 보이고 향내는 간곳없이 무늬만 있다. 어느 집 안방에서 어느 여인이 쓰던 것인지 알 수는 없지만 가만히 들여다보면 많은 손때 묻은 모습을 없애기 위해 대패로 깎아 세운 것을 보니 새로움을 내세우려고 노력한 것 같다. 그 시절 그 사람의 냄새가 나는 그런 역사를 만들어야겠는데 때로는 그런 그림자마저 없애려는 사람의 마음을 무늬에 새기고 싶어 한다.

　그늘진
　깊은 역사를 알고 싶은
　그 사람을 알고 싶어진다.

3년 군 생활

그 어려운 시대에
원통에서 군 생활했다

인재를 지나서 내설악 쪽으로 한참을 간다

자동차
핸들을 잡고
매일 비를 맞으며
울었다

김신조 그놈들이
청와대를 습격한다고

군 생활이 갑자기 늘어지는 고무줄 사태

계획한
짧은 내 젊음 잠시
도둑맞고
있었다

상처

상처가 크게 아플수록 그림자는 짙은 법
어둠이 뿌리 내리고 찢겨진 가지 많을수록
매운 맘
흘린 땀방울 하나하나 구슬로 빛나

소리 큰 아픔보다 작디작은 울음들이
못 자국 아프게 남긴 피눈물 앞에 서면
어눌한
말씨까지도
갈 길 잃고 앉는다

배고픈 사람일수록 정신을 차린다 하고
살아가는 진로 더욱 튼튼케 짠다고 했다
목마른
뒤안길 사정은
또다시 배고픈 일

상사화

나는 이 가을날
붉은 상사화를 보았다
붉은 꽃대 가득하게 바람이 일렁이고

푸른 잎
만나지 못한
설움을 토하고 있다

그리움도 극에 달하면
저렇게 피를 토하는가
가도 가도 끝이 없는 네 길을 가고 있지만

그리움
낮달로 안고
떠나가고 있는 걸까

해가 지면

달이 이울듯 해가 지면

귀뚜라미 소릴 듣고

풀잎 끝 빗방울 떨른 소리

내 가슴을 적시고 드네

눈꺼풀

무겁게 내리 덮는

오뉴월 시원한 밤 그늘

화폭

청산 깨끗한 그늘

낮달 허기진 이의 그림자

달빛 받는 고요함 속

생각할 수 있는 가득함

빛바랜

무게를 달며

꿈을 그리고 있는

화가 손

똥구마리 씨앗

다 털고 들어온 길에 바짓가랭이에 붙어온 넌

살고 싶어 목숨을 붙여 와 떠나고 싶지 않는 현실

다 털고

따스운 봄 맞아

새 촉을 트고 싶겠지

달빛 무게

오늘 밤 정월 대보름달
그 무게 생각한다
어느 나라 어느 곳이든 그 밝음도 무겁다는 말
누구나
그립고 외로우면
그 무게를 쏘아 올린다

어머님 마음의 달
아들이 그리워 울고
저 달빛 누런빛들이 주섬주섬 내려와 앉아
무거운
마음 한 편을
그림자로 그린다

달빛 속 그리움이
그늘로 돌아앉고
꽃보다 고운 그늘 마음속에 사무치는
이 한밤
무거운 마음으로
그대를 떠올린다

지조 없는 시대에 나서

봄날 파릇한 생각 안고 밭 각담에 나는 풀들
한생을 살고저 하나 낫에 걸려 넘어진다
풀생도
인생의 길 위에서
예정되어진 사연일까

술을 먹고 술독에 빠져 생사를 가눌 줄 몰라
살아 있다는 존재론도 떠밀린 홍수파동에
사태진
구석에 앉아
얼어 죽은 시체로 왔네

사마천이 궁형을 받고도 살아남을 사기(史記)를 썼지만
내 입에 한 끼 식사 느긋한 마음 한 켠엔
돌아올
진한 지조로
살아갈 이 있는 걸까

고정 탈피

흰 사발이 이가 빠진다

그 그릇에 음식을 먹으면

온 하루가 재수 없다던

우리 민족의 버릇들이

중국행

여정을 접한 후

그 맛이 달라 뵌다

봄비의 노래

지금 넌 높은 하늘에서
내리꽂는 화살이지만

그 화살 끝에서
봄이 오고
싹이 트고
꽃이 필 것을

머릿속
깊은 곳에 앉아
꽃대를 이미 그려놓는다

귀에 들리지 않는 소리는
그대 머리로 들으시게

티 없이 맑은 웃음 다가오는 그림자

터질 듯
그리운 발걸음
자국마다
푸른 싹들

역광(逆光)

응달에 발이 묻혀
뺄 수 없는 사람들

달빛만큼이나 차가운 어둠을 맛본 후

혼자서
달빛에 칼을 갈아
빛바랜 날을 세운다

낮고 낮은 마음으로
하루를 살다 보면

난쟁이 같은 키다리 다 내 앞을 가로막고

갈 길을
못 가게 하는
그런 어둠도 가로지른다

제5부

물러나 앉으면서

나에게 쓰는 시 · 8

요즘 밥상이 형편없다
그래도 꾸역꾸역 먹고 앉아

찹쌀현미 율무 조밥 헤아리며 살고 있다

가난한
그 옛날 고향 생각
넉넉한 맑은 밤공기

살려면 거역 못 하며
깡보리밥도 마다 않고

맛있게 또 맛있게 먹어줘야 살아남는다고

저무는
석양 노을 앞에서
고기 튀는 강물을 본다

물러나 앉으면서

나를 향해 무너진 탑이라 불러다오
모서리에 깨어진 금
떨어져 나간 살점
어머니
온전한 내 몸 앞
부르고 싶은 대명사

숨 쉬고 또 쉬면서 살아온 살 냄새
내 속에 꼭꼭 숨겨온
당신의 그리움들
한겨울
얼음장 속에서 나는
그 숨결을 듣는다

아직도 숨이 붙은 주위 생명 앞에
살다가 그냥 가더라도
내 목소릴 간직한 후
모든 문
꼼꼼히 닫아걸고
진한 사람만 만나겠네

나목(裸木)의 숲들

나무는 다투지 않고 겨울을 살아간다

그리운 곳 가지 뻗어
낮은 곳으로 뿌릴 내려

한마음
꽁꽁 묶어서
땅을 얼지 않게 한다

때로는 바람 불어
그리움 헝클어놓고

서로 부딪치게 하여 아픔을 불러오지만

스스로
아픔을 풀어
안개 자욱이 덮는다

경칩 이후

봄이면 흙살 냄새 그것만은 확실하다

얼어서 굳어버린 그 사이로 살아나는

아우성
들리지 않는 함성
산천은 연둣빛
세상

밤이면 따라 기울고 들풀은 소리 없이 눕네

넉넉한 가슴으로 젖는 이슬 빛 그리운 절후

새벽잠
개구리 울음
아침 햇살을
편다

가을빛 하루 · 2

먼 길을 떠나면서

나뭇잎 떠는 소리 들린다

귀뚜리 은실 푸는 뜰

릴케의 기도소리 들린다

오늘 밤

보름달 뜨면

어머니 기도 모습

환하다

때론 섬으로 앉고 싶어

어느 땐 섬이 되고 싶어
파도소릴 그리워했다

갯바람 쐬면서 비릿한 방파제에 앉아

걸어도
끝없는 발자국 소리
잔소리처럼 거둘까

사라지는 그림자 위에
갯강구 기어 나오고

달빛에 부서지는 아름다운 이름으로

오늘은
조용한 섬으로 앉아
갈매기나 부를까

친구의 겨울

겨울을 앞에 두고
추위를 먼저 느낀다

그늘을 보고 나면 그림자 밟고 싶어

따뜻한
지난 계절이
추위로 다가선다

암으로 드러누운 친구의 어깨 위에

봄날 진한 나비 한 마리
날아와 앉는 것 보고

내일은
추월 밀어내고
생기 먼저 도는 길섶

넌 어디쯤 가고

돌아갈 날은 길고
앞에 놓인 길은 짧다

고요한 삶의 자취 백발을 얹고 나면

스스로
문신을 지우듯
눈시울이
붉어진다

내 안에 창을 내고
자신을 들여다보면

어디쯤 모롱이 돌아서 가고 있는 나를 볼까

저녁놀
허옇게 물드는
백사장을
서성인다

퇴원 후의 그대 안부

번민이 쌓이던 어둠사리 낀 어느 날
내 겉옷 오지랖에 묻은 진묵 흐린 몇 점
아무리 모른 척해도
그 기억들이 뜬다

아름아름 말 없는 그대 마음 알고
번진 먹물 사이사이 안부만 남듯이
한손 든 헤어지는 얼굴
그 평안 함께 흔들리네

가고 없는 추위도 생각 끝에 떨려오고
그래도 발길에 닿는 안부의 마음 이끄는
발 묶는 겨울 추위 녹이는
그대의 환한 웃음

혈압을 재며 · 2

사뭇 그것을 잊어버리면
너와 난 쓰러지고 말아

어딜 가도 아침이면 잊지 않고 약을 먹는다

쨍쨍한
햇볕 나는 날에도
놋날같이 비오는
날에도

평생을 달고 살아야
원한이 없다 하지만

스트레스 위에 앉아 세상을 내려다보면

현기증
밤하늘 별빛 보듯
떨리는 협심증이 온다

설중매

달빛 밝은 한지 창에

난향이 그윽한 그늘

한때는 죽은 듯이

나뭇등걸 가지마다

청매는

철없이 피어

추운 봄을 이른다

밤 뻐꾸기 울음

대금의 마디마디

불어 오른 소리들이

어느 애절한 가락으로

내 귀에 올라앉아

은유의

깊은 소절로

출렁이는 강물 소리

처서를 지나며

강둑을 걸어가지만

마음은 헤엄치고

말없는 지느러미로

부채질하는 늦더위

물려준

초록 심 얻어

물기를 말리고 선다

가을 강가

다들 떠난다고 너도 일어서겠는가

가을날 늦은 저녁놀 어둠이 몰려온다고

얼룩진 손마디 끝에서
잠잠한 갈잎 배 한 척

밥술을 뜰구고 앉아 바람소리 기억을 열면

나뭇잎 하나 둘 휘날리면서 떨고 떠가는

흰 물살 돌아서 우는
살을 에는 나목 가지

바람 · 3

연당(蓮塘)에 비가 내려

덫에 걸린 연꽃 한 송이

소리 없는 풍랑에도

가슴앓이 길게 하더니

한바탕

쏟아지는 소낙비에

옷고름을 풀고 있다

사람 향기

사랑하는 사람의 향기

불이 꺼져도 붉게 타고

묵재가 되어서도

훈훈하게 살아나서

따뜻한

온기(溫氣) 전하는

그리움이 되살 거다

몽정(夢精)

따끈한 겨울 햇살
돌담 벽에 자글거릴 때
나는 너와 손잡고 담 벽에 붙어앉아

지난날
햇살만큼이나 내 말문을 막는다

지금 넌 어디서
응시하고 있는가
밤마다 어린 시절 함께 끄집어 나와

살날이
얼마 남지 않다 내 멱살을 잡는다

마음이 불편하여
너를 잡고 울먹이며
꿈으로 채우는 지난날 그리움이

누군가
흐릿한 얼굴 뻣뻣한 귀두(龜頭)를 누른다

도서관에 앉아

책은
네 마음 달궈내는
그건 너에겐 풀무 불이야

말없이 터져 나오는
봄싹들의 이야기 속에서도

수천 길
낭떠러지 같은
두려움이 서성일게다

풀면 풀수록 오묘한 진리의 샘

하루하루 그 두려움을
숲처럼 헤쳐 나가면

가을볕
따사로운 일들만
큰 길처럼 열릴 것이네

철탄산에 오르면

소백산이 병풍처럼 삭풍을 막아주며
사계가 하늘로부터 오고 감을 봅니다
오월엔
아카시아 꽃향기
구름처럼 모이는 곳

사람들 발자국 소리에 계절이 피고 집니다
연화봉 능선 따라 철쭉꽃 줄줄이 피고
가을철
인삼 꽃향내
코끝마다 스밉니다

달밤의 철탄산은 무릉도원 경집니다
조용한 그림자는 바람에 일렁이고
서천강
물소리까지
달빛 되어 흐릅니다

● 박영교 시집 自說

밀 한 알이 되고 싶은 소망
― 시집 『아직도 못다 한 말』 자설(自說)

蛙南 박 영 교

　요즘 남은 시간을 여유롭게 그리고 보람되게 보내기 위하여 밭에다가 농작물을 심어서 기르고 그 파릇파릇한 싹들의 힘찬 생동을 보면서 세월을 보내고 있다.
　우리가 살아가는 데에 가장 필요한 것이 무엇인가를 어떤 문인이 말씀해주신 것을 기억하고 있다. 문학이니, 운동이니, 서예니 하는 것들은 다 액세서리(Accessory)이고 가장 중요한 것은 '육신의 건강'이라고 했다. 그 건강을 다 잃어버리면 세상을 뜨는 철새가 되고 마는 것이라고 했다. 그러나 자신이 할 수 있는 것은 자신이 해내주어야 된다는 말도 있다.
　'자식을 낳아서 키워 가르치지 않으면 그 부모의 잘못이고, 엄하게 가르치지 않아 잘못되면 그것은 스승의 태만이요, 부모가 가르치고 스승이 엄한 데에도 학

문을 이루지 못한다면 자신의 죄이다.'라고 사마온공(司馬溫公)은 말하고 있다. 우리의 삶이 그렇게 긴 삶이 아닌데도 요즘 젊은이들은 인생의 길이를 고무줄로 생각하는지 사고하는 그 자체가 달라도 너무 다르다. 조금만 어려워도 살아가기 싫어하는 상황을 보면 앞으로 어떻게 될까 하는 의구심이 앞서는 것은 어쩔 수 없다.

시대가 바뀌어 살아가는 패턴도 많이 변했다. 우리 시대에는 고생스럽고 어려운 생활 속에서도 함께 힘을 모아 살아가려는 정신적 지주가 되는 것이 부모님의 말씀이었고 받들어 순종하는 삶이었다.

옛날부터 '순천자(順天者)는 흥(興)하고 역천자(逆天者)는 망(亡)한다'는 순리를 가정에서 밥상머리교육으로 받고 살아왔다. 어려움도 어려움으로 여기지 않고 살아왔었다. 그러므로 아무리 어려운 일도 이겨낼 수 있었고 훌륭한 삶을 영위할 수 있었던 것이다. 즉 부모님의 말씀이 곧 하늘이기 때문에 거역하지 아니한 데서 미래를 내다볼 수 있는 눈을 키워나갈 수 있었다.

신문 사회면 기사나 순간순간 방송되는 뉴스를 들어보면 너무나 어마어마한, 우리가 상상할 수도 없는 상황이 벌어지고 있는 것을 볼 때 어떻게 말해야 할지 어안이 벙벙할 때가 있다. 아무리 자유가 난무한 현실이라 할지라도 할 말을 잃고 있을 때가 허다하다. 자식이 부모를 시해하고, 사람이 사람의 목숨을 파리 목숨처럼 가볍게 여기고도 버젓이 살아갈 수 있다는 것이 얼마나 끔찍한가? 법이 인권과 맞물려 피해자의 것인지 가해자의 것인지 누구를 위한 것인지도 모를 때가 있다.

요즘 외국인이 우리나라에 와서 눌러앉아 살고 있는 경우가 늘어나고 있다. 그들은 우리나라가 밖에서 보면 위험한 나라이지만 들어와서 보면 세상에서 제일 살기 좋은 나라라고 한다. 총기사고도 없고 기후조건도 좋을 뿐만 아니라 범죄도 일어나는 빈도도 훨씬 낮고 외국인을 보는 시각도 다른 나라에 비해 따뜻하고 산물도 풍부하기 때문이다.

우리의 삶이 풍요롭고 즐거우며 건강하게 잘 살 수 있는 곳이라면 그곳이 우리가 살아갈 수 있는 제일의 적지이고 호흡하며 살아갈 수 있는 본향인 것이다.

마음 놓고 건강하게 살아갈 수 있는 이 땅 위에서 마음에 느껴지는 진실한 노래를 마음 놓고 부를 수 있다는 것은 우리의 최대 행복이며 즐거움이 넘쳐 시심이 솟구치는 원동력이 되는 것이다.

시집을 편의상 5부로 나눴다. 제1부에서는 「불면증」 외 18편, 제2부에서는 「화장터 불빛」 외 19편, 제3부는 「에밀레종」 외 18편, 제4부는 「상소문·1」 외 17편, 제5부에서는 「물러나 앉으면서」 외 18편 등 도합 95편의 작품을 싣고 있다.

요즘 길거리 나가면/
겨울 빙판보다 무섭다/
질주하는 자동차 물결/
쏟아지는 매연가스/
움직인/
CCTV 머리/
독사보다 더 무섭다

―「불면증」 전문

집에 있으면 불면증이 심해져서 커피 한 잔도 못하는 내자(內子)가 오늘은 친구와 함께 어딜 다녀와서 한 말이 있다.
"아무 데도 못 나가겠네. 내가 모르는 감시자가 군데군데 얼마나 쫓아다니는지 모르겠네요."
길거리에서도, 길모퉁이에서도, 골목길에서도, 공원에서도 또록또록한 눈동자들이 돌아가고 있단다. 사람 사이 법을 가리는 소리 없는 염탐꾼으로 자리하고 있다고 한다. 세상을 잘못 살아가는 사람이 있다면 하루도 못 살고 붙잡히게 마련이며 범법자는 삽시간 내에 잡혀가는 상황이지만 그 범법자가 사회를 불안하게 한다. 좋은 일이 밀알이 되어 걱정 없이 살아가려면 우리 스스로가 가슴마다 CCTV를 간직하고 반성해 가는 자세가 필요하다.

어디서 봤는지는/
기억도 없으면서/
처음 보는 얼굴인데/
날 보고 씩씩 웃다가/
내 팔목/
덥석 잡으면서/
웃고 또 웃는다

―「안동병원에서」 전문

  나이가 들면 가장 무서운 침입자가 치매 현상이다. 이것을 예방하기 위해 화투를 치거나 그림공부를 하거나 여러 가지 소일하면서 보낸다. 우리는 평생을 팔팔하게 살다가 삶을 계산하시는 분이 부르시면 이삼 일 아프다가 하늘나라로 가는 삶이 최고라고 한다.
  병원에서 생전 처음 보는 알지도 못하는 사람이 나를 보면서 웃고 웃다가 다가와서 손을 덥석 잡고 웃는다면 놀라지 않을 수 없을 것이다. 우리 인간에게 가장 큰 형벌은 나환자와 치매환자라고 한다. 하늘이 내리는 형벌이지만 '나는 아니야'라고 장담할 수 없는 것이 인생의 황혼 길이다. 쇠로 만든 모든 물건은 사용하지 않으면 녹이 슨다. 우리 인간의 머리도 쓰지 않으면 녹이 슬고 치매가 오는 법이다. 서로 어울려 사는 좋은 만남이 조금이나마 황혼의 평안을 가져오리라 믿는다.

마음에 못을 치면 울림만도 아픈 거다/
못 자국에 녹이 슬어 벌겋게 물이 들면/
피눈물
흰 가슴 한 폭
다 적시고도 남는다

얼마나 살다 간다고 그리 참지 못하는가/
순리로 물 흐르듯 남은 이야기 흘러 보내고/
정겨운
이웃들 만들어
함께 젖어 보내고 싶다

―「못 자국」 전문

  위의 작품은 정말 마음이 아픈 시이다.
  『손자병법』에 '知彼知己는 百戰不殆' 라는 말이 있는데 '나를 알고 상대를 알면 백 번 싸워도 위태롭지 않다' 라는 뜻이다. 이는 전장에서도 그렇겠지만 일상생활에도 그대로 적용되는 말이다. 우리가 생활을 하다가 보면 타의에 의해 자기 자신을 헤아리지 못하고 자기도취에 빠져서 자기 자신을 분간 못 하는 때가 있다. 이때 바로 패배의 고비를 마실 수 있다. 그렇다고 상대방 조직에 들어가서 자기 마음대로 안 되는 일을 바로 고칠 수도 없는 일, 그것이 마음 아픈 일이다.
  조그마한 일에도 시험이 들면 마음에는 피눈물 나는 아픔이 쏟아지게 된다. 그것이 평생 아픔으로 남게 될 뿐만 아니라 스스로 마음에 매듭을 매고 살아가게 되는 것이다.

> 행서나 초서체로 눕혀놓은 언어들이
> 목질이나 목결을 따르지 아니하고
> 사체 결
> 맨발로 짚어나가며
> 이 한밤을 지새우리
>
> 밤마다 우는 칼날 파고드는 체본들이
> 구름 속 그림자 안고 쫓아오는 가쁜 숨결
> 가문의
> 숨소리까지
> 문장 속에 스며든다
>
> 한 문중 꿈을 풀어 열리는 햇살 따라
> 두드리는 장문 사이로 진한 묵향 일면
> 발자국
> 침묵을 펴고
> 높푸르게 펼친 하늘
>
> ―「목판본(木版本)·3」 전문

안동에 있는 '한국국학진흥원'이라는 데 가면 각 문중에 있는 목판본을 모아놓았다. 각 가문에서 목판본을 종이에 탁본을 해서 책으로 엮어 자손들의 공부를 위해 만든 목판본이 이제는 세계문화유산보존회에 등

재된 큰 보물이 되었다. 목질에 따라 한밤을 지새우면서 목판을 칼날로 파서 가문의 숨소리까지 그 문장 속에 심어 넣는다. 한 문중의 꿈을 풀어서 진한 묵향으로 가문의 내력을 침묵의 발자국으로 찍어서 푸르게 높푸르게 세계 속에 빛내가고 있다.

  요즘 내 고향에 가면
  알아보는 이 아무도 없다

  친구들 살아 있어 볼 수 있는 시절 아쉬워

  힘든 몸
  옛집을 돌아
  살구나무 고목 아래 선다

  눈물도 힘이 있을 땐
  흘릴 수 있겠지만

  조용한 이방인 되어 골목길 돌아 나와도

  컹컹컹
  짖는 개들만
  기웃대는 나를 본다

      —「고향에 가면」 전문

타향에서 오래 살다가 고향을 찾아가면 너 나 할 것 없이 모두 이방인이다. 아는 사람이 아무도 없고 돌아보면 알 듯도 할 것 같은 사람인데도 모르는 사람이고, 아는 집인데도 다른 사람이 살고 있을 때 허무하다. 혹여 아는 이를 만나면 그것은 매우 반가운 삶의 한 장면일 게다.

요즘 고향에 가 보면 살아 있는 친구들은 한 사람도 없고 대처의 자녀들과 함께 다 떠나고 없다. 조용한 이방인이 된 슬픈 나그네가 골목길을 돌아 나오는데 못된 개가 '컹컹' 거리며 고향 마을에 기웃대던 발걸음마저 쫓아 버린다.

> 지금은 묵향이 짙은/
> 그림 한 점 그리고 있다/
> 바람 강하게 부는/
> 묵죽(墨竹)을 치면서도/
> 머무는/
> 마음속에는/
> 바람 한 점 일지 않는다

―「묵죽도(墨竹圖)·1」 전문

사람들은 시간을 쪼개어 여유를 즐긴다. 수묵화나 서예에 대한 보폭도 넓혀가면서 어렵게 작품들을 만들 때도 있다. 조용하면서 마음에 내키는 그림을 그리다 보면 함께 마음도 같이 종이에 붙거나 칼바람이 불

때도 있다.

풍죽을 치는 동안은 마음이 바람에 쓰러지는 느낌을 받지 않으면 대나무 그림의 잎에도 바람이 일지 않는다. 종이가, 붓이 사람 마음을 빤히 안다.

心不在焉이면 視而不見하고 聽而不聞하고 食而不知其味라.[1] 마음속에서 우러나야 모든 것들을 관심 있게 하고 모든 것이 손에 와 닿을 수 있는 법이다. '마음에 없으면 보아도 보이지 아니하고, 들어도 들리지 아니하고 먹어도 맛을 느끼지 못한다.'는 말이다.

풍죽을 칠 때에는 마음속으로 바람이 불어오는 쪽을 정해야 하고 그 바람의 강도는 어느 정도인가를 생각하지 않을 수 없다. 그런 후에는 먹물의 농도를 알맞게 맞추어서 그림을 시작하게 된다.

    잎맥이 줄줄이 살아 있는 오늘 보며
    지난날 거짓 마음을 팔던 너 육신들
    이제는
    몰골이 뵈지 않는 불쌍한 역사의 흐름

    설산의 한 구석 말없이 서 있는 넌
    그대로 한평생 이승을 마감하고
    떠날 땐
    침묵을 배워 그 백언(白言)을 참는다

---

1) 大學 正心章 편

한밤이 올 것을 알고 있는 그대 앞에
한없이 무릎 꿇고
앉아 보는 마음 하나
절절한
호소를 들으며 바람에 백발을 감는다

―「설해 목(雪害 木)」 전문

'한 역사의 흐름을 보는 듯하다' 는 고사된 주목을 보던 어느 한 시인의 말을 생각한다. 태백산을 오르거나 소백산을 올라서 보면 주목의 군락지를 볼 수 있다. 그것은 살아 천 년, 죽어 천 년이라는 말을 안고 살아간다. 그들은 계절에 따라 변화무쌍하다. 설산의 한구석에 서서 말없이 그 삶의 어려움을 침묵으로 항변한다. 도도한 목소리만은 감춘 채 현실을 직시하고 있는 것이다.

앞으로 한밤이 올 것을 알고 말없이 준비하지만 세월을 이기는 생명은 없어 계절 앞에 무릎을 꿇고 앉아서 빌어보는 마음 하나로 그대의 호소를 들으며 바람에 백발을 맡기고 살아가는 마음이다.

그대는 나를 향해 시위를 고르고
난 그대 심장 위에 화살을 꽂는다
팽팽한
두 팔을 떨며
영혼의 화살 당긴다

때로는 내 마음 깊고 아픈 곳에
그대 꽂은 화살 한 개 뽑고 나면
결핍된
신음 하나가
조용히 사라진다

그대와 나 사이는 멀고도 가까운 이웃
때 묻은 지난 사연 툭툭 털고 형장에 서면
저물녘
푸른 햇살 지는
그리움만 고인다

―「입동(立冬)·2」 전문

    계절이 매우 빠르게 우리의 등을 떠밀며 쫓아온다. 우선 처서(處暑)만 지나도 모든 생물은 푸른빛을 잃고 모든 영양이 뿌리로 돌아간다. 우리는 선조들이 만들어 놓은 24절기에 따라 돌아가는 계절의 변화에 매우 민감하다.
    입동(立冬)을 지나면 햇빛의 두께가 얇아지는 것을 눈으로 확연히 읽을 수 있기 때문에 모든 생물들은 그것을 기점으로 해서 푸르름을 상실하고 겨울을 맞이하게 되는 것이다. 때로는 입동을 맞이함으로 마무리를 덜한 일들을 조용히 마무리하면서 침묵에 들어가고 푸른 잎들은 낙엽으로 통하는 화살을 꽂은 아픈 몸짓을 하게 된다. 이제 다 잊어버리고 걸어온 모든 때 묻은 지난 이야기들은 다 내려놓고 그리움으로 남은 지난날을 뒤돌아보며 떠나야 할 때이다.

    누구나 다 꽃이고 환하게 피고 싶다/
    떨리는 발자국마다 하얗게 지고 싶다/
    한마디/
    지는 햇살 속/
    나비처럼 날고 싶다

―「눈꽃」 전문

  경상북도 영양군 수비면 한티고개에는 겨울이 되면 설화(雪花)가 장관을 이룬다. 그곳 사람들도 자기 고장의 아름다움을 은근한 말로 자랑한다. 한티고개의 어느 한 곳에 떨어지는 빗방울은 수비 쪽으로 떨어지면 동해(東海)로 가고, 영양 쪽으로 떨어지면 낙동강으로 해서 남해(南海)의 물결이 된다고 한다. 영양읍보다도 해발 100미터가 높은 분지라서 추위도 더하고 여름에 더위도 더하다고 했다. 그곳에서 필자는 1년 반을 혼자 보내면서 동해의 파도소리를 들었다. 밤에는 오징어잡이 배의 불빛을, 겨울에는 설화를, 봄에는 눈 녹는 물소리로 세월을 보낸 적이 있었다.

    낙엽을 밟으면서/
    구르몽의 시 읊조린다/
    떠나간 귀한 사람들/

발자국 소리 들리고/
시오리/
먼 길 떠나며/
네 귓속말이 떠돈다

—「속삭임 말」전문

'살아 있는 자의 하나님' 께서 우리 인간에게 주신 사계절 중 각 계절마다 특징적으로 주는 감동이 숨어 있지마는 가장 감동을 주는 계절은 풍요로운 계절인 가을이 아닌가 싶다.

구르몽의 시구(詩句)를 읽으면서 가을을 사랑하고 낙엽을 생각하며 떠나간 친구들의 발자국 소릴 듣는다. 낙엽 지는 영혼의 소리를 듣는다. 한 줌의 흙으로 돌아가는 계절의 필연을 느낀다. 이끼 낀 돌들과 낙엽 덮인 오솔길을 걸으며 우리는 낙엽처럼 서로 의지하며 바람이 찬 밤을 지날 것이다. 구르몽의 「낙엽」이 '우리도 언젠가는 가련한 낙엽이 될 것을' 계절의 흐름을 인생의 시간에 귓속말로 접목시킨다.

진시황의 해 지지 않고/
떠 있는 하늘이다/
수많은 목숨 값이/
인파(人波)로 일렁인다/
인파 속/
젖은 울음소리/

들려오는 만리장성

— 「만리장성에서」 전문

  우리가 가장 많이 가는 외국은 이웃 나라인 중국일 게다.
  우리나라는 아기자기하고 정감이 가는 곳이 많다면 중국은 스케일이 대륙적이다. 수천 년간 중화(中華)사상을 바탕으로 자국이 세상의 중심이라는 민족적 자부심을 품고 사는 민족임을 실감케 한다.
  우리 고궁을 구경하면서 곳곳에서 발견할 수 있는 게 있다. 우선 고궁의 석판에 새겨놓은 용트림 모양도 그렇고 용의 발톱도 중국보다 한 개가 작은 것을 볼 수 있고 무엇 하나도 같지 않게 하나씩 빼거나 작게 만들어야 했다. 과거 우리 사대부들의 정치적 갈등에 의해 만들어진 어려운 역사적 흐름이었다.
  진시황이 만리장성을 쌓을 때만 해도 많은 에피소드가 있었고 수많은 인체가 그 만리장성 속에 깔려 묻혔음도 알고 있다. 중국의 자랑 만리장성의 바람소리는 숱한 원혼의 울음소리일 게다.
  지금은 그 목숨 값으로 중국이 부를 누리고 살겠지만 '하룻밤을 자도 만리장성을 쌓는다' 라는 말이 있듯이 그 젖은 울음소리를 들을 수 있어야 한다.

  당신의 검은 머리도 흰 머리가 보입니다

늙지 않는 바위로 앉아 한생을 보낼 것 같은

젊음도
연륜 앞에서는
통곡하는 빛바램

자고 싶어도 잠 못 드는 독서의 하늘 속으로

외로운 그늘들을 접어 올린 내력 앞에

온몸이
꽃잎 지듯이
무거운 짐 벗습니다

―「아내의 잠」 전문

 나의 내자(內子)는 오늘 죽어도 천국 갈 사람이다. 팔불출에 속한다고 나무라도, 하고 싶은 말은 해야 하는 내 성향(性向)이다. 몸을 사리지 않고, 자신의 심신을 남을 위해 아끼지 않고 산 사람이 나의 아내이다.
 특히 부모님께, 그리고 남편에게, 우리 아이들에게는 목숨도 내어 주고 싶은 사람이다. 손가락의 지문이 다 닳아 없어져도 모르고 살아온 사람이다. 당신의 검은 머리가 귀밑머리에 먼저 하얀 서리가 앉고 시력도 좋지 않은 것을 느끼면서 내 눈시울도 젖어 내린다.

독서하는 날에는 손에 잡은 책의 볼륨이 다 헤아려져야 책을 놓고 잠을 청하는 것을 볼 때 측은한 마음까지 들 때가 많이 있다. 학교 교감 자격을 얻기 위해 논문 수 편을 쓸 때도 도와주지 못한 것이 가슴 아픈 한 가지 일이었다. 결국은 국무총리 상도 받고 해 내기는 했지만 고생이 많았었다.

    소백산 연화봉 아래 희방사 폭포소리
    비로봉 내려가면 비로사 엎드려 있고
    초암사
    발치에 펼친
    산그늘 못가에 와 지다

    욕쟁이 스님 하루 한 번 만나는 절 옆에는
    저절로 날아와 깔린 낙엽 두껍게 앉히고
    사과밭
    붉게 물든 가지
    목탁소리 감돈다

    불붙은 부석사 단풍 바람 지는 풍경소리
    내 기댄 일주문 끝 저녁 푸른 연기 지고
    어둠만
    사바세계에 앉아
    목어소리 듣는다

    —「연화봉에서 국망봉까지」 전문

필자가 사는 소백산은 사람을 살리는 명산 중의 명산이다. 옛날에는 호랑이들이 골골마다 어슬렁거리며 기어 나왔다는 장모님 말씀을 떠올리며 오늘 한 번 피식 웃어보기도 한다.

소백산은 단양 쪽에서 보면 울퉁불퉁 보기 좋은 돌산이지만 영주 쪽에서 보면 푹신푹신한 부드러운 흙산이며 우리나라에서 가장 역사가 오래된 풍기인삼이 나는 신비로운 흙산이다. 풍수설에 의하면 양백산간에서 인재가 많이 난다고도 했다.

연화봉 아래 희방사 그리고 희방폭포, 비로봉 아래는 비로사와 초암사가 엎드려 있고 사과밭들이 즐비하게 위치해 있으며 가을에는 나무마다 붉게 불붙어 탄다. 그 붉게 타는 불은 배점호숫가에도 머물러 있다.

우리나라에서 가장 오래된 목조건물의 정수인 무량수전이 있는 부석사가 있다. 의상과 선묘낭자의 사랑이 깊게 물들어 있기도 한 봉황산 부석사 일주문에 들어서서 가을 단풍 노란 은행잎 가로수 길에서 사바세계가 어둠에 잠들 무렵 은은한 목어소리를 듣는다.

    백팔계단 오르면서/
    무량수전 기둥을 본다/
    안양루를 밟으면서/
    부석사 현판을 쳐다보면/
    이승만/
    대통령 손끝 떨리는/

흘림체가/
보인다

―「부석사 일우(一隅)」 전문

부석사에는 4개의 국보가 존재해 있으며 백팔계단의 길을 걸을 수 있고, 불가사의한 가지런한 석축과 무량수전 앞 오래된 석등을 볼 수 있으며, 안양루의 정면에는 이승만 대통령의 '浮石寺'라는 흘림체의 현판이 보인다.

우리나라 목조건물의 진수를 여기에 오면 볼 수 있고, 의상의 혼이 함께 묻혀 있는 부석사는 부석을 부석태의 고장으로 만들어 준 선묘낭자의 전설이 깃들어져 있는 곳이기도 하다.

부석사 무량수전의 배흘림기둥을 보면서 고려시대 목조건물 기둥의 변천사도 이야기할 수 있다. 저녁 무렵에는 무량수전 앞에서 저물어가는 남향받이의 수없이 많은 산맥들이 엎드려 있는 광경이 펼쳐진다. 사바세계를 떠나 새로운 세계에 들어서는 분위기를 만끽할 수 있는 저녁 풍경이 장관이다.

어둠이 저녁에게 준/
전쟁보다 더 무거운 침묵/
그림자 깔아놓고/
깊은 수렁으로 도망가다/
뼈아픈/

역사의 그늘/
헤아리며 떠난다

―「민통선에서」 전문

민통선을 한번 다녀온 사람이면 잘 이해되리라고 생각된다. 어둠이 깔리고 주위는 조용하다. 전쟁보다 더 무서운 침묵이 흐르는 곳이다. 왜 그렇게 되었을까? 전쟁을 일으키고 남북을 갈라놓은 사람들은 벌써 죽고 없는데, 오직 분단국가로 남은 나라는 한반도 국가인 우리나라뿐이다.

그곳에서 남북의 그림자를 깔아놓고 뼈아픈 역사의 오늘을 되돌아보는 우리들의 가슴에는 66년의 한이 한꺼번에 내리 쏟아지고 있음을 의식하게 된다. 남북 이산가족들의 백발 모습 보고 울고 우는 부부간의 만남, 부자지간의 아픈 역사의 눈물들, 부모 자식간의 이별의 서러움을 안고 건너다보는 고향 마을의 그림자들이 다 눈물의 바다로 펼쳐져 있다.

아버지 편찮으실 때 자주 가지 못한 걸음

아이들 가르치는 일 바쁘다는 핑계로

아프신
자리끼도 한 번
떠 올려드리지 못한 죄

밤늦도록 엎드려 울다 돌아와 보는 자리엔

새벽의 훤한 여명이 나 다시 깨워놓고

고향 집
아버님 생각
소낙비 내리는 소리

—「소낙비 깨우다」 전문

  자식으로서 아버지 살아계실 때의 문안 자주 못 해 드린 것에 대한 후회스러움을 참회하며 쓴 작품이다. 돌아가시고 나서 후회를 한들 무슨 소용이 있는가? 아무짝에도 쓸데없는 말이지만 앞으로는 어떤 일이라도 후회 없는 일을 하겠다는 아픔의 참회 시이다.
  지난 때의 후회스러움이 또 한 가지 있다면 고모가 넷이 계셨는데 영월고모만이 마지막까지 살아계셨다. 그런데 그때 필자는 고등학교 교장으로 재직 중이라 바쁘다는 핑계로 고모님 한번 시원하게 만나주지 못했다. 아직도 후회를 하고 있다.

일곱 칸 만대루에 올라 턱턱 갈라진 마루 골

바람은 오죽 흔들고 병산은 말이 없어라

가득한

매화 향 날리는
서원 기둥에 기대선다

입교당(立敎堂)에 걸터앉아 앞산을 쳐다보면

산 중턱을 가르는 만대루 지붕 용마루

낙동강
푸른 물줄기
기어가게 하고 있다

―「만대루(晩對樓)에 올라」 전문

 태극도설로 유명한 곳이 하회와 무섬마을 그리고 회룡포이다. 하회는 그 모양의 규모가 좀 크고 그것을 축소한 곳이 영주의 무섬마을이다. 병산서원은 하회를 돌아 그 뒤편쪽으로 돌아들면 남향쪽으로 나래를 펴고 그 앞 병산을 바라보며 서 있는 만대루 지붕 아래로는 낙동강의 푸른 물줄기가 느릿느릿하게 흘러내린다. 만대루 용마루 위로 푸른 산맥들의 우거진 숲까지 자연의 아름다움을 고루 갖추고 있는 곳이기도 하다.

다윗의 이름으로 시편을 읽습니다/
눈물 없이 읽거든 마음속 우물을 파고/

정갈한
물 하수구에 쏟아 썩은 물을 내리세요//

맑은 샘물 흐리게 흘리고 흘리면서/
고단한 마음 거두고 처방전을 내리며/
수많은
잘못이 있어도 당신은 아십니다//

뜨거운 마음의 샘물 세상 넓게 퍼내어/
깨끗함 함께 누리도록 생각을 펴지만/
지금은
전쟁으로 번지는 가슴 아픈 오늘입니다

― 「시편을 읽으며」 전문

 시편은 다윗의 시가 대부분을 차지하고 있다. 그리고 시편 전체를 통해 보면 고난을 노래한 것이 많은데 그중에서도 제22편은 최대의 고난을 노래하고 있다. 또 시편은 하나님을 믿는 자의 마음에 신선함을 잃지 않게 하는 감동을 안겨주어 성도가 시편을 읽고 거기에서 얻어진 자신의 마음과 본모습을 찾아볼 수 있게 한다. 시편은 신앙생활에서 우리가 경험하는 현대 사회의 고난과 절망, 감사와 환희 등을 다윗의 시에 빗대어 감사하게 한다. 하나님에 대한 절대적 신앙의 태도를, 항상 하나님을 신뢰하고 있음을 되새긴다.
 아직도 이스라엘은 전쟁 중이고 한 치의 양보도 없

는 오늘을 맞고 있다.

> 새로운 먹을 갈다가/
> 묵향(墨香)에 질게 취해/
> 화제는 초서로 날고/
> 난향(蘭香)이 더해 온다/
> 철 이른/
> 붓 끝 움직여/
> 새론 봄빛 열고 있다
>
> —「입춘(立春)」전문

 한겨울 동안 웅크리고 있던 많은 동식물들이 기지개를 켜고 새로운 도약을 시작하려는 때 붓을 들어서 입춘대길을 써서 붙이고 새 각오로 한 해를 여는 것이다. 매·난·국·죽도 함께 쳐서 가까운 친구들과 나누고 한담을 하기도 한다. 우리 집에는 아주 오래된 설중매가 있었는데 지인에게 넘겨주고 지금 집 안에는 아무것도 없어 허전하다.

 이제 가을이 되면 밭에 추수할 것도 많고 또 친구들과 나눌 한담도 있을 것인데 언제까지 먼 하늘만 쳐다보고 있을 것인가? 노인대학생들도 많고 문예대학생들도 제9기를 입학시켜 놓고 거두어들일 때가 오면 창고 안으로 넣을 알곡이 얼마나 될까?
 수많은 시집들이 쏟아질 텐데 이 시집도 쓰레기장

으로 직행하거나 종이근대를 달아 파는 고물상으로 가는 책이 될까 두렵다. 세상이 자꾸만 바뀌어서 책이 필요 없는 세상이 펼쳐지고 있는데 우리는 지난날의 시점에 머물러 있어 새로운 도전을 받아들이기가 무서운지도 모른다.

  세월이 흐른 뒤 우리 세대들은 후손들에게 무엇을 어떻게 나누어 줄 수 있을까? 열심히 하려고 노력하는 그 사람은 모든 부를 가진 이보다 그리고 큰 힘을 가진 사람보다 더 많은 일을 할 수 있다고 한다. 우리는 후인들에게 노력하는 길을 가는 안내자가 되면 충분할 것으로 믿는다.

  '한 알의 밀알이 땅에 떨어져 죽지 아니하면 한 알 그대로 있고 죽으면 많은 열매를 맺느니라.'[2]고 하였으니 우리는 우리의 후손들에게 밀 한 알의 값어치를 하고 떠날 수 있기를 소망한다.

---

2) 신약 : 요한복음 제12장 24절

문학세계대표작가선 784

아직도 못다 한 말

박영교 시집

인쇄 1판 1쇄　2016년 8월 8일
발행 1판 1쇄　2016년 8월 15일

지 은 이 : 박영교
펴 낸 이 : 김천우
펴 낸 곳 : 도서출판 천우
등　　록 : 1992. 2. 15. 제1-1307호
주　　소 : 서울시 성동구 무학봉28길 6 금용빌딩 2F
전　　화 : 02)2298-7661
팩　　스 : 02)2298-7665
http://www.moonhaknet.com
E-mail : chunwo@hanmail.net

ⓒ 박영교, 2016.

값 10,000원

* 도서출판 천우와 저자의 서면 동의 없는 무단 전재 및 복제를 금합니다.
* 저자와의 협의에 따라 인지는 생략합니다.
* 이 책은 2016년 경상북도 문예진흥기금을 지원 받아 제작되었습니다.

ISBN 978-89-7954-642-2

이 도서의 국립중앙도서관 출판예정도서목록(CIP)은 서지정보유통지원시스템 홈페이지(http://seoji.nl.go.kr)와 국가자료공동목록시스템(http://www.nl.go.kr/kolisnet)에서 이용하실 수 있습니다. (CIP제어번호: CIP2016019587)